COLLECTION DE MONSIEUR G. B...

de Rouen

OBJETS D'ART

ET

D'AMEUBLEMENT

Faïences, Tableaux, Gravures

CATALOGUE

DES

OBJETS D'ART & D'AMEUBLEMENT

DU XVIIIe SIÈCLE

ET AUTRES

FAIENCES FRANÇAISES

A Armoiries et autres

PORCELAINES

OBJETS DIVERS — SCULPTURES

Pendules, Bronzes

SIÈGES ET MEUBLES

TAPISSERIES

TABLEAUX — GRAVURES

AYANT COMPOSÉ

la Collection de Monsieur G. B..., de Rouen

ET DONT LA VENTE AURA LIEU A PARIS

HOTEL DROUOT, SALLE N° 1

LES LUNDI 27, MARDI 28 ET MERCREDI 29 AVRIL 1914

A deux heures

COMMISSAIRE-PRISEUR

Me ANDRÉ DESVOUGES, 26, rue de la Grange-Batelière

EXPERTS

Pour les Objets d'art :
MM. MANNHEIM
7, rue Saint-Georges

Pour les Tableaux et Gravures :
M. LOYS DELTEIL
2, rue des Beaux-Arts

EXPOSITION PUBLIQUE

Le Dimanche 26 Avril 1914, de deux heures à six heures

CONDITIONS DE LA VENTE

Elle sera faite au comptant.

Les adjudicataires paieront *dix pour cent* en sus des enchères.

ORDRE DES VACATIONS

Le Lundi 27 Avril 1914

Estampes et Recueils	1	à	31
Peintures, Dessins.	32		69
Objets variés	228		330

Le Mardi 28 Avril 1914

Faïences, Porcelaines	70	à	227

Le Mercredi 29 Avril 1914

Pendules, Bronzes.	331	à	355
Meubles	356	à	432
Tapisseries, Etoffes, Tapis	433	à	439

Paris. — Imp. de l'Art, Ch. Berger, 41, rue de la Victoire.

DÉSIGNATION

ESTAMPES

ET

RECUEILS

BAUDOUIN (D'après P. A.)

1 — Le Fruit de l'Amour secret, par Voyez. Très belle épreuve (remmargée). Encadrée.

BOILLY (D'après L.)

2 — L'Optique, par F. Cazenave. Belle épreuve, *imp. en couleurs*, avec rehauts (cassures). Encadrée, cadre ancien.

3 — Prélude de Nina, par A. Chaponnier. Belle épreuve, sans marge, *coloriée*. Encadrée.

COYPEL (D'après Ch.)

4 — L'Amour de village. — L'Amour de ville. Deux pièces, par B. Lépicié, se faisant pendants. Belles épreuves, encadrées.

DEBUCOURT (P. L.)

5 — La Rose mal défendue, par Bonnemain. Très belle épreuve. Rare.

EISEN (D'après Ch.)

6 — Les Désirs satisfaits. — La Vertu sous la garde de la Fidélité. Deux pl., par Patas et Le Veau, se faisant pendants. Très belles épreuves (piqûres). Encadrées.

FONBONNE

7 — Calendrier Perpétuel. Épreuve encadrée.

FRAGONARD (D'après H.)

8 — La Bonne Mère, par N. De Launay. Bonne épreuve (doublée) remmargée.

9 — Les Hazards heureux de l'Escarpolette, par N. De Launay. Très belle épreuve de la pl. ovale (doublée).

10 — Le Verrou, par M. Blot. Bonne épreuve. Encadrée.

FREUDEBERG et AUBRY (D'après)

11 — Dites donc s'il vous plait. — Les Baignets. — L'Heureuse Fécondité. — L'Abus de la crédulité. Quatre pièces, par N. De Launay. Bonnes épreuves (piqûres et cassures). Encadrées.

FREUDEBERG (D'après S.)

12 — La Félicité villageoise. — La Gaieté conjugale. Deux pl., par N. De Launay, se faisant pendants. Belles épreuves (petites cassures et piqûres). Encadrées.

GREUZE (D'après J. B.)

13 — L'Enfant gâté. — Le Silence. Deux pl., par Maleuvre et Cars, la seconde *avant la lettre*. Encadrées.

HUET (D'après J. B.)

14 — L'Amant écouté. — L'Éventail cassé. Deux pl., par L.-M. Bonnet, se faisant pendants. Belles épreuves, *imp. en couleurs*, sans marges (épidermées et petits cassures).

LARGILLIERRE (D'après N. DE)

15 — Largillierre (N. de), par F. Chereau. Belle épreuve. Encadrée.

LE BEL (D'après)

16 — Le Coup de vent, par Abr. Girardet. Très belle épreuve (petite cassure, doublée). Encadrée.

LE PRINCE (D'après J. B.)

17 — Les Modèles, par J. de Longueil. Bonne épreuve. Encadrée.

18 — Le Médecin clair-voyant. — Le Marchand de lunettes. Deux pl., par Helman, se faisant pendants. Encadrées.

LEYDE (L.) — OSTADE (A. VAN)

19 — Leyde (Lucas de), copie. — Le Peintre. Deux pièces. Belles épreuves. Encadrées.

MEISSONIER (Ernest)

20 — Le grand Fumeur (H. B. 13). Très belle épreuve sur chine. Cadre ancien, bois sculpté et doré.

MORLAND (D'après G.)

21 — La Partie de pêche. — La Partie quarrée. Deux pièces, par A. Le Grand, se faisant pendants. Belles épreuves, *imp. en couleurs* (épidermées en marges). Encadrées.

RECUEILS

22 — *Themes de Louis quatorze, Roy de France et de Navarre, en l'année 1697 et 1698.* Manuscrit in-8, dans une reliure aux armes de Louis XIII, sur champ fleurdelysé.

23 — *Médailles sur les principaux évènements du règne entier de Louis le Grand, avec des explications historiques.* Paris, 1723. — 1 vol. in-fol., rel. mar. rouge. Bel exempl. (cassures à 3 feuillets).

24 — *Recueil général de Coeffures de différents gouts, où l'on voit la manière dont se coeffaient les Femmes... à commencer en 1589 jusqu'en 1778... suivi d'une Collection de Modes Françoises... ouvrage Fort désiré par l'un et l'autre Sexe.* Paris, Desnos, s. d. (1778). — Bel exempl. cart. (complet). (Mouillures).

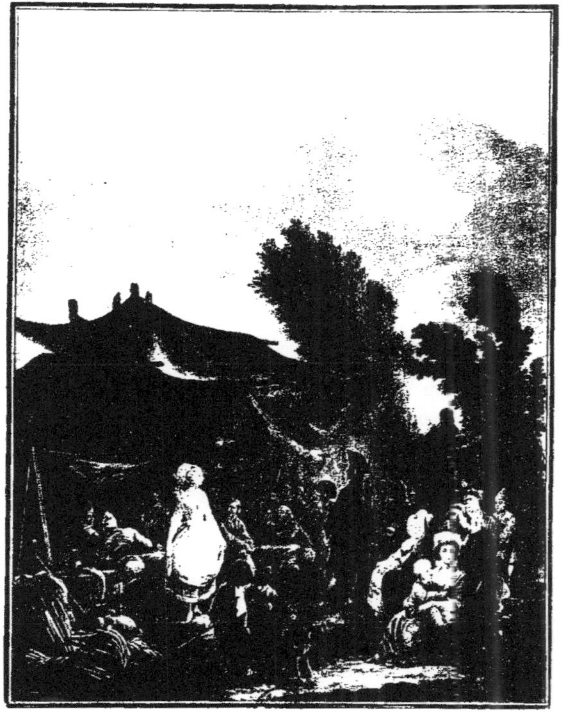

29

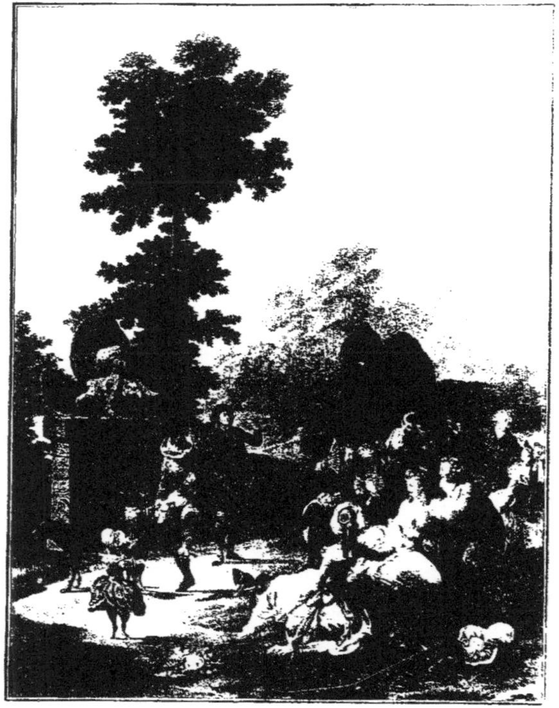

30

REYNOLDS (D'après Sir Joshua)

25 — Lady Smith et ses Enfants, par F. Bartolozzi. Belle et rare épreuve, *imp. en couleurs* (sans marge, piqûres).

RIGAUD (D'après H.)

26 — Rigaud (Hyacinthe), par P. Prevet. Belle épreuve. Encadrée.

ROBERT (D'après Hubert)

27 — Site d'Italie, par Saint-Non. Belle épreuve. Encadrée.

SMITH (John-Raphael)

28 — Mrs Mills, d'après G. Engleheart (240). Très belle épreuve, sans marge.

TAUNAY (D'après N.-A.)

29 — Noce de village, par C.-M. Descourtis. Très belle épreuve, *imp. en couleurs*, du 1er tirage, *avec les armes*.

30 — Le Tambourin, par C.-M. Descourtis. Très belle épreuve, *imp. en couleurs*.

WATSON (James)

31 — Miss Moore, d'après Falconet. Très belle épreuve, sans marge. Encadrée. Rare.

PEINTURES

AQUARELLES ET DESSINS

BAKALOWITZ (L.)

32 — Henri III. PEINTURE. Signée.

Haut., 300 millim.; larg., 390 millim.

BLÈS (DAVID)

33 — La Vieille Coquette. Aquarelle, *signée* et datée : *52* (1852). Encadrée. Cad ancien, bois sculpté.

Haut., 102 mill.; larg., 70 millim.

BOLDINI (JEAN)

34 — Le Fumeur lisant. Dessin aquarellé. *Signé*. Au verso, croquis à la sépia.

Haut., 200 millim.; larg., 180 millim.

CICÉRI (EUGÈNE)

35 — Vues de Londres. Deux très petites gouaches, *signées* des initiales de l'artiste.

COOSEMANS (JOSEPH)

36 — La Neige. PEINTURE. *Signée*.

Haut., 190 millim.; larg., 290 millim.

37 — Lever de soleil. PEINTURE. *Signée*.

Haut., 185 millim.; larg., 290 millim.

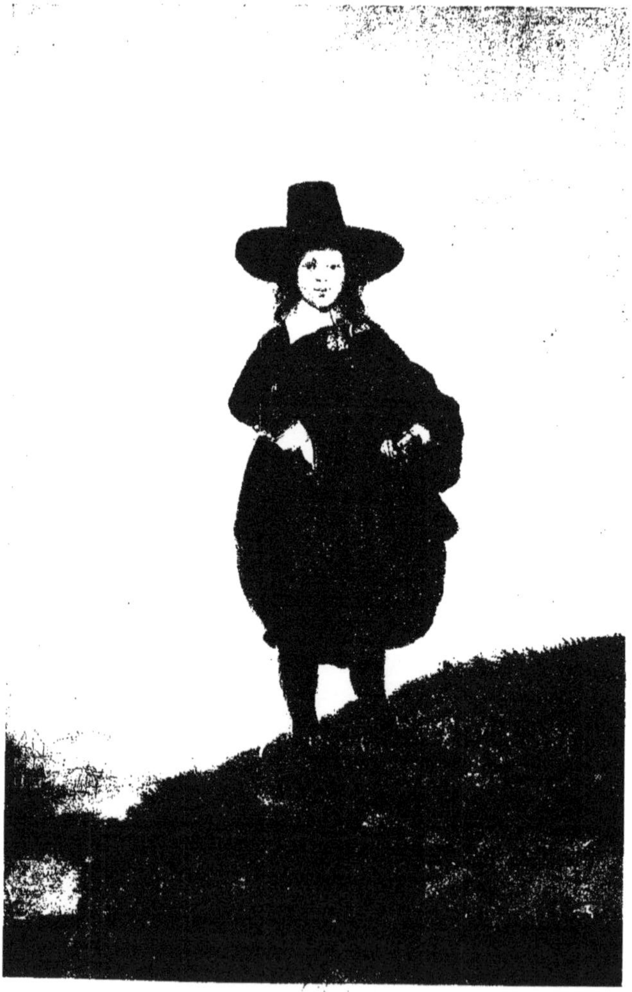

DEFAUX (ALEXANDRE)

38 — Les Falaises. PEINTURE. *Signée.*

Haut., 390 millim.; larg., 660 millim.

DIDIER-POUGET (WILLIAM)

39 — Les Bruyères. PEINTURE. *Signée* et datée : *92.*

Haut.; 260 millim.; larg., 460 millim.

DUPRAY (HENRY)

40 — Le Cuirassier. PEINTURE. *Signée.*

Haut., 390 millim.; larg., 310 millim.

ÉCOLE FRANÇAISE (XVIIIe siècle).

41 — Jeune Femme assise à terre. A la sanguine. Cadre ancien, bois sculpté et doré.

Haut., 140 millim.; larg., 165 millim.

42 — Le Siège d'une Ville. Dessin à la plume, aquarellé, en forme de frise.

Haut., 80 millim.; larg., 340 millim.

ÉCOLE HOLLANDAISE (XVIIe siècle)

43 — Jeune Homme au faîte d'un rocher. PEINTURE.

Haut., 280 millim.; larg., 180 millim.

44 — Le Philosophe. Panneau. (A été attribué à Ferdinand Bol).

Haut., 110 millim.; larg., 91 millim.

FLORIS (Franz)

45 — Le Christ entouré de deux Anges. Esquisse peinte sur cuivre.

Haut., 220 millim.; larg., 160 millim.

FRANCIA (A.)

46 — Marchandes de poissons sur la plage. Aquarelle. *Signée.*

Haut., 157 millim.; larg., 255 millim.

GÉRICAULT (Attribué à J.-L. Th.)

47 — Cheval de charrette. Crayon, encre de chine et sépia.

Haut., 200 millim.; larg., 257 millim.

GREVEDON (Henri)

48 — Buste de jeune Fille, dans le goût de Greuze. Aux crayons de couleurs. *Signé.* De forme ovale.

GUARDI (D'après Fr.)

49 — Venise. Aquarelle. Cadre ancien.

HOVE (H. van)

50 — Le Retour du Marché. — Les Comptes. Deux aquarelles, *signées.*

ISABEY (Eugène)

51 — La Truie et ses petits. Sépia avec rehauts d'aquarelle. *Signée* et datée : 1827.

Haut., 220 millim.; larg., 195 millim.

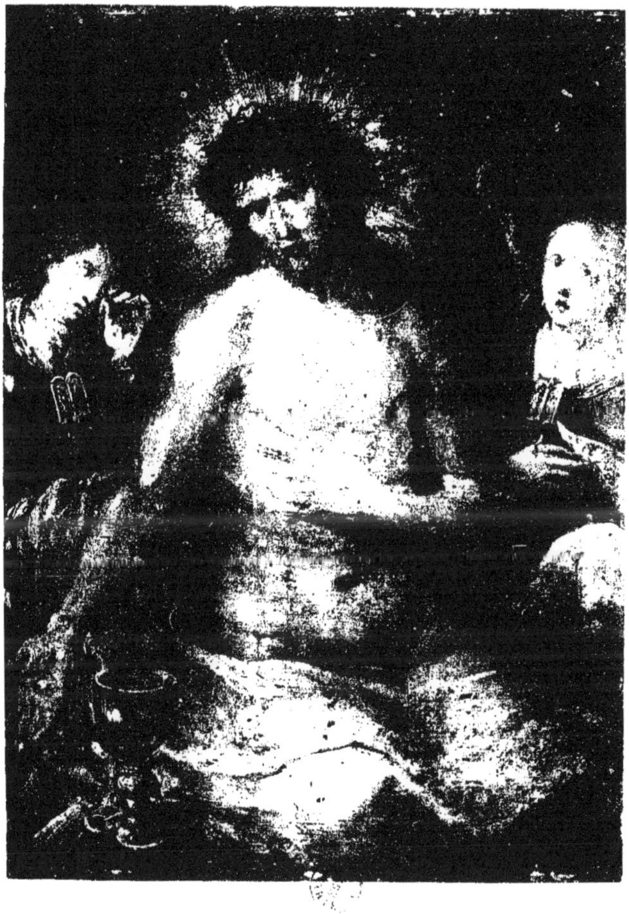

45

KATE (Hermanten)

52 — Le Compositeur. Aquarelle gouachée. *Signée*, datée : 1876, *dédicace*.

Haut., 132 millim.; larg., 172 millim.

LELOIR (Maurice)

53 — Intimité. A l'encre de chine. Avec dédicace.

Haut., 255 mill.; larg., 200 millim.

MADOU (J.-B.)

54 — Un Spadassin. Crayon encre de Chine, et sépia.

Haut., 165 millim.; larg., 105 millim.

MARCHETTI (P.)

56 — La Rixe. Croquis aquarellé. *Signé*, *dédicace*.

Haut., 200 millim.; larg., 153 millim.

PELEZ DE CORDOVA

56 — Hussards de la 1re République. Peinture, *signée*.

Haut., 400 millim.; larg., 320 millim.

57 — Grenadier de la 1re République. Peinture. *Signée*.

Haut., 385 millim.; larg., 215 millim.

ROULLET (Gaston)

58 — Les Barques en mer. Peinture. *Signée* et date : *1876*.

Haut., 200 millim., larg., 150 millim.

VANGORP

59 — Portrait d'Homme, en buste. PEINTURE. Signée.

Haut., 200 millim.; larg., 170 millim.

DIVERS

60 — Distraction. PEINTURE. De forme ovale. Cadre ancien bois sculpté

Haut., 235 millim.; larg., 200 millim.

61 — Portraits du Comte et de la Comtesse de Mahoni. Deux PEINTURES (avec des repeints). De forme ovale.

Haut., 530 millim.; larg., 420 millim.

62 — Portrait de la Baronne Moiyette de Fresnoye. PEINTURE. Cadre ancien, bois sculpté (redoré).

Haut., 800 millim.; larg., 630 millim.

63 — Portraits de Charles-Édouard, prétendant d'Irlande, et de Miss Mac Donald. PEINTURES anciennes, avec de nombreux repeints (attribuées antérieurement à G. Kneller. Cadres anciens, bois sculpté.

Haut., 750 millim; larg., 620 millim.

64 — Portrait d'Homme à perruque. PEINTURE. Cadre ancien, en bois sculpté.

65 — Les Filles de M. de Broglie. Deux PEINTURES. Cadres anciens.

Haut., 390 millim.; larg., 310 millim.

66 — Buste d'un Officier. PEINTURE. De forme ovale.

Haut., 210 millim.; larg., 165 millim.

DIVERS

67 — Personnage à mi-corps. PEINTURE sur cuivre. De forme ovale. Cadre ancien, bois sculpté.

Haut., 135 millim.; larg., 112 millim.

68 — La Résurrection. Dessin aquarellé dans un encadrement de fantaisie.

69 — Sous ce numéro, il sera vendu les gravures, dessins, etc., non catalogués.

FAIENCES, GRÈS

70 — Cruche, décorée de fleurettes semées sur fond bleu. Ancien grès de Raeren.

71 — Cruche en ancien grès de Raeren, décor de fleurettes semées sur fond bleu.

72 — Statuette de paysan, debout, en terre vernissée du Pré d'Auge.

73 — Statuette de paysanne, debout, en terre vernissée du Pré d'Auge.

74 — Coupe, décorée de motifs irréguliers sur fond brun. Terre vernissée.

75 — Coupe, contenant un oiseau. Ancienne terre vernissée vert.

76 — Maisonnette en faïence blanche.

77 — Groupe en faïence blanche, composé de deux enfants essayant de dévaliser un marchand de fruits.

78 — Groupe en faïence blanche : Enfant jouant avec un chien savant.

79 — Groupe à sujet galant en faïence blanche.

80 — Statuette de jeune bacchant auprès d'une chèvre. Faïence blanche.

81 — Statuette de jeune femme debout, tenant un panier de fleurs. Ancienne faïence blanche.

82 — Plat à ombilic en faïence à reflets métalliques, rehaussés de bleu.

83 — Plat à ombilic en ancienne faïence hispano-mauresque, décor de motifs irréguliers en bleu et à reflets métalliques.

84 — Plat creux, décor de fleurs à reflets métalliques. Ancienne faïence de Manissès.

85 — Deux assiettes, décorées d'un écusson d'armoiries surmonté de la légende : « *Potentior* ». Faïence italienne.

86 — Deux cruches de pharmacie, décorées de médaillons-bustes en couleurs sur fond bleu pâle. Ancienne faïence italienne.

87 — Salière hexagone, décorée de bustes et fleurs en bleu. Ancienne faïence italienne.

88 — Deux statuettes : Chasseur et Chasseresse, en ancienne faïence italienne.

89 — Cornet, décoré d'un écusson d'armoiries, d'un personnage et de fleurs. Ancienne faïence italienne.

90 — Deux cornets de pharmacie, décorés d'un écusson d'armoiries, avec devise. Ancienne faïence italienne.

91 — Petit plat, décoré en bleu d'un personnage chinois surmonté d'un écusson d'armoiries. Ancienne faïence italienne.

92 — Deux cruches de pharmacie, avec couvercles, en ancienne faïence de Castelli, décor d'armoiries, enfants et feuillages.

93 — Cruche de pharmacie en ancienne faïence de Savone, à décor de branchages en bleu sur fond bleu pâle.

94 — Petit plateau sur pied, fleurs et armoiries. Ancienne faïence de Milan.

95 — Deux assiettes, décorées d'un écusson d'armoiries timbré d'une couronne fermée. Faïence italienne du XVIIIe siècle.

96 — Cruche, décorée d'un écusson d'armoiries avec la date : *1684*. Ancienne faïence allemande.

97 — Plat, décoré en bleu d'un écusson d'armoiries. Ancienne faïence allemande.

98 — Deux assiettes, décorées chacune d'un écusson d'armoiries en bleu. Ancienne faïence allemande.

99 — Assiette creuse, décorée en bleu d'un écusson d'armoiries supporté par deux lions et timbré d'un casque, de face. Ancienne faïence allemande.

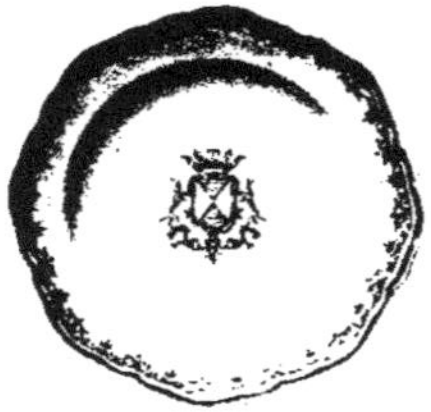
119

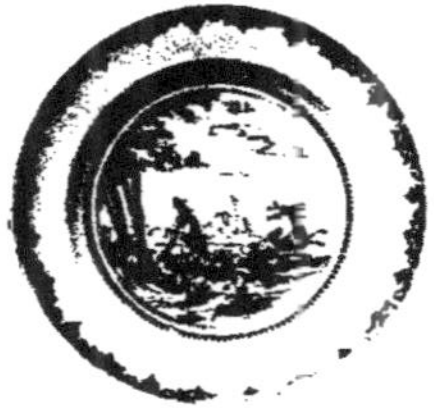
126

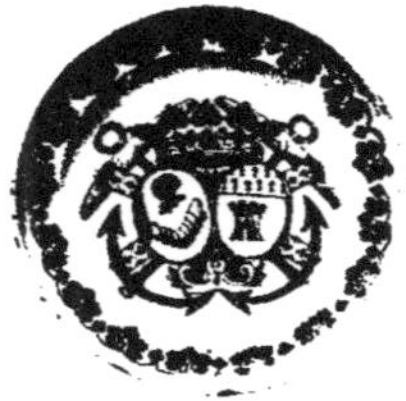
190

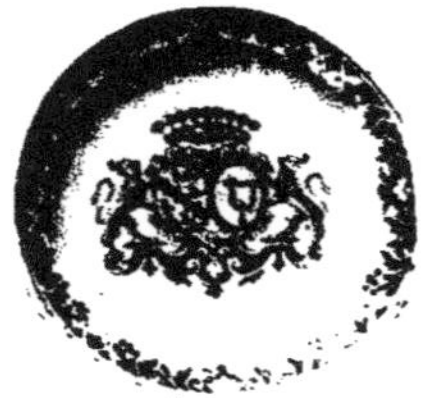
140

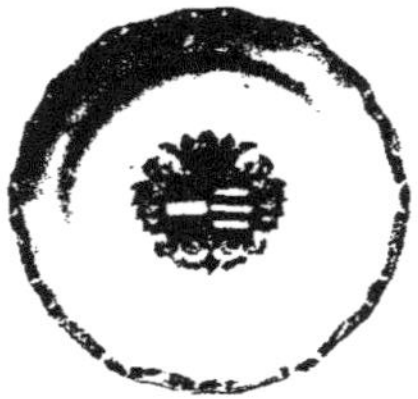
191

107

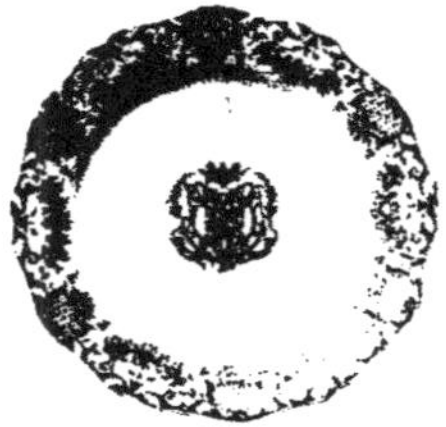
172

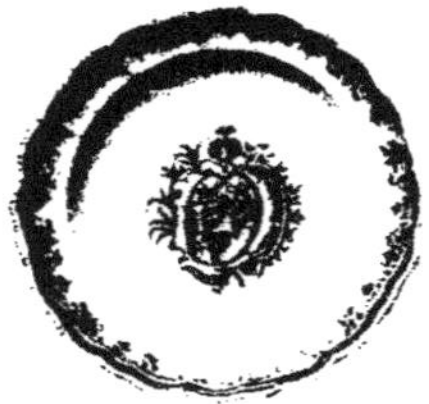
118

103

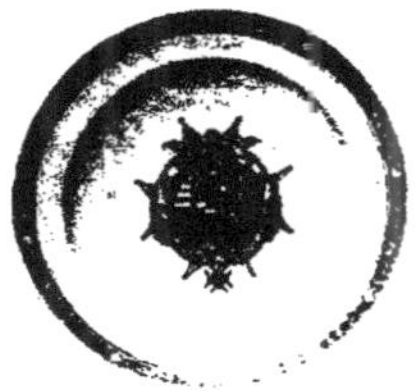
116

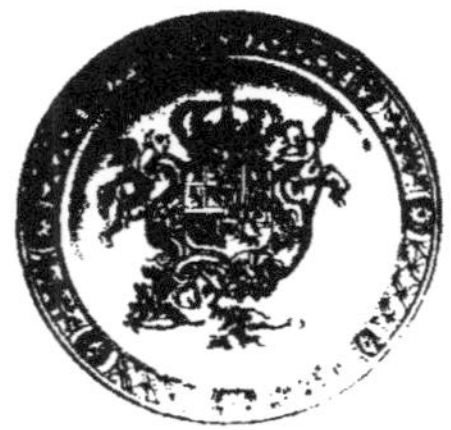
95

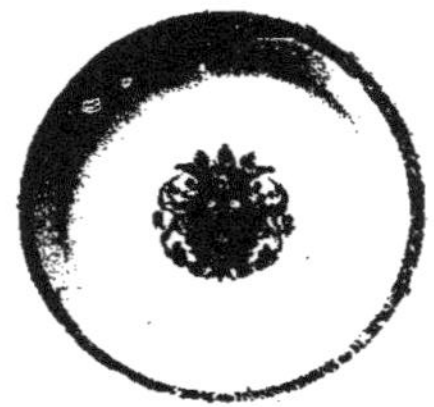
108

100 — Assiette, décorée en bleu d'un écusson d'armoieries timbré d'une couronne de marquis et supporté par deux hommes sauvages. Ancienne faïence allemande.

101 — Assiette à bords contournés, décorée d'un double écusson d'armoiries porté par deux lions et timbré d'une couronne fermée. Ancienne faïence de Goggingen.

102 — Deux assiettes, décorées en bleu de rochers, oiseaux et fleurs de style chinois. Ancienne faïence allemande.

103 — Quatre assiettes creuses, décorées en bleu d'un écusson d'armoiries supporté par deux lions et timbré d'une couronne de comte. Ancienne faïence allemande.

104 — Saladier, décoré d'un motif rayonnant et de lambrequins en bleu. Ancienne faïence allemande (?)

105 — Crachoir, décoré de fleurettes en bleu. Ancienne faïence de Delft.

106 — Bras-applique à une lumière ; décor en camaïeu bleu d'anges, d'armoiries, de fleurs, etc. Ancienne faïence de Delft.

107 — Deux petits plats, décorés d'armoiries en bleu avec fleurs et grappes de raisin au marli. Ancienne faïence de Delft.

108 — Deux assiettes, décorées d'un écusson d'armoiries supporté par deux licornes. Ancienne faïence de Delft.

109 — Assiette, décorée de fleurs et oiseaux. Ancienne faïence de Delft.

110 — Bouteille à pans, décor de fleurs, en bleu. Ancienne faïence de Delft.

111 — Deux bouteilles, avec renflement au col, en ancienne faïence hollandaise, à décor de fleurs en bleu.

112 — Petit vase en ancienne faïence hollandaise, à décor de fleurs et oiseaux, en camaïeu bleu.

113 — Petit plat, décoré d'un écusson d'armoiries et timbré d'un casque de face, avec monogramme *I. D.* Ancienne faïence hollandaise.

114 — Assiette en camaïeu bleu, décorée d'un monogramme timbré d'une couronne de comte. Ancienne faïence de Moustiers.

115 — Assiette, décorée d'un écusson d'armoiries timbré d'une couronne de marquis, en camaïeu bleu. Ancienne faïence de Moustiers.

116 — Deux assiettes, décorées chacune en bleu d'un écusson d'armoiries timbré d'une couronne de duc. Ancienne faïence de Moustiers.

117 — Deux assiettes, à décor en camaïeu bleu; armoiries supportées par deux lions et timbrées d'une couronne de comte. Ancienne faïence de Moustiers.

118 — Deux assiettes, décorées en bleu, écusson d'armoiries entouré de rocailles. Ancienne faïence de Moustiers.

119 — Deux assiettes, décorées d'un écusson d'armoiries timbré d'une couronne de marquis. Ancienne faïence de Moustiers.

120 — Assiette, décorée d'un monogramme timbré d'une couronne de marquis en bleu. Ancienne faïence de Moustiers.

121 — Assiette, décorée en bleu d'un monogramme timbré d'une couronne de marquis. Ancienne faïence de Moustiers.

122 — Assiette, décorée en bleu d'un monogramme timbré d'une couronne de comte. Ancienne faïence de Moustiers.

123 — Assiette, décorée en bleu d'un écusson d'armoiries supporté par deux aigles, timbré d'une couronne de marquis. Ancienne faïence de Moustiers.

124 — Assiette, décorée en bleu d'un petit écusson d'armoiries, timbré d'une couronne de comte. Ancienne faïence de Moustiers.

125 — Assiette, décorée d'un monogramme timbré d'une couronne de comte en camaïeu bleu. Ancienne faïence de Moustiers.

126 — Assiette, décorée en bleu d'un sujet de chasse. Ancienne faïence de Moustiers.

127 — Petit plateau, décoré en camaïeu bleu d'un monogramme timbré d'une couronne de marquis. Ancienne faïence de Moustiers.

128 — Petit plateau, décoré de motifs dans la manière de Bérain, en camaïeu bleu. Ancienne faïence de Moustiers.

129 — Petit plat long, décoré de cariatides et rinceaux, en camaïeu bleu. Ancienne faïence de Moustiers.

130 — Deux plateaux oblongs à bords festonnés, décor bleu d'après Bérain. Ancienne faïence de Moustiers.

131 — Grand plat rond, décoré en bleu d'un sujet de chasse, avec rinceaux au marli. Ancienne faïence de Moustiers.

132 — Saucière, décorée en camaïeu bleu d'un écusson d'armoiries et de rinceaux. Ancienne faïence de Moustiers.

133 — Confiturier cylindrique, décoré de bustes, chimères et rinceaux. Ancienne faïence de Moustiers.

134 — Plateau rond, décoré d'un écusson d'armoiries supporté par un cheval et un chien, en camaïeu bleu. Ancienne faïence d'Alcora.

135 — Sucrière forme balustre, décor de rinceaux, en bleu. Ancienne faïence du Midi.

136 — Plateau octogone, décor bleu, armoiries de comte. Ancienne faïence du Midi.

137 — Assiette, décorée en bleu d'un écusson d'armoiries timbré d'une couronne de duc. Ancienne faïence du Midi.

138 — Deux assiettes, décorées en bleu d'un monogramme timbré d'une couronne de marquis. Ancienne faïence du Midi.

139 — Assiette, décorée en bleu d'un double écusson d'armoiries supporté par deux licornes et timbré d'une couronne de marquis. Ancienne faïence du Midi.

140 — Petit plat creux, décoré en bleu d'un double écusson d'armoiries, porté par deux lions et timbré d'une couronne de comte. Ancienne faïence du Midi.

141 — Assiette, décorée en bleu d'un écusson d'armoiries surmonté d'une couronne ; fleurs au marli. Ancienne faïence du Midi.

142 — Assiette, décorée en bleu d'un monogramme timbré d'une couronne de marquis. Ancienne faïence du Midi.

143 — Assiette, décorée en bleu d'un écusson d'armoiries supporté par deux licornes et timbré d'une couronne de duc. Ancienne faïence du Midi.

144 — Assiette, décorée en bleu d'un double écusson d'armoiries, timbré d'une couronne de comte. Ancienne faïence du Midi.

145 — Deux assiettes, décorées de Chinois faisant de la musique. Ancienne faïence de Marseille.

146 — Petit vase en ancienne faïence de Nevers, à décor de branches fleuries en blanc et jaune, sur fond bleu.

147 — Vase avec couvercle en ancienne faïence de Nevers, à décor de branches fleuries et insectes en bleu.

148 — Bouteille à pans avec col renflé, à décor bleu et manganèse, de style chinois. Ancienne faïence de Nevers.

149 — Potiches et deux bouteilles, décor bleu, de style chinois. Ancienne faïence de Nevers.

150 — Deux petits plats, décorés d'un écusson d'armoiries en bleu et manganèse. Ancienne faïence de Nevers.

151 — Deux jardinières-appliques, décorées de guirlandes de fleurs, en faïence de Lorraine.

152 — Verrière, décorée d'un écusson d'armoiries en camaïeu rose. Ancienne faïence de Lorraine.

153 — Groupe de trois petits enfants bacchants et d'une bacchante, disposés sur un tertre. Ancienne faïence blanche de Lorraine.

154 — Deux statuettes, variées, de personnages debout, le bras droit étendu, en ancienne faïence de Lorraine.

155 — Écuelle avec couvercle et plateau, décorée de fleurs. Ancienne faïence de Lorraine.

156 — Plat rond, décoré d'un paysage en camaïeu rose. Ancienne faïence de Lorraine.

157 — Petit plat ovale, décoré d'un écusson d'armoiries en camaïeu rose. Ancienne faïence de Lorraine.

158 — Assiette, décorée d'un petit écusson d'armoiries en camaïeu rose. Ancienne faïence de Lorraine.

159 — Figurine en ancienne faïence de Lorraine : Allégorie de la Peinture.

160 — Deux cache-pots cylindriques côtelés en ancienne faïence de Rouen, à décor de lambrequins en bleu et rouge.

161 — Jardinière-applique, décor de fleurs et de quadrillages. Ancienne faïence de Rouen.

162 — Vase ovoïde, décoré de lambrequins en camaïeu bleu. Ancienne faïence de Rouen.

163 — Hanap-casque, décoré d'un mascaron et de lambrequins en bleu. Ancienne faïence de Rouen.

164 — Bassin ovale, décoré en bleu d'un large motif rayonnant. Ancienne faïence de Rouen.

165 — Bassin ovale, décoré en bleu et rouge d'un grand motif rayonnant avec lambrequins à la chute. Ancienne faïence de Rouen.

166 — Compotier octogone, décor bleu et rouge. Ancience faïence de Rouen.

167 — Bannette, décorée d'une corbeille de fleurs, avec quadrillage à la chute. Ancienne faïence de Rouen.

168 — Bassin oblong à angles coupés, décor bleu, armoiries de marquis et rinceaux. Ancienne faïence de Rouen.

169 — Encrier sur plateau fixe, décor bleu. Ancienne faïence de Rouen.

170 — Compotier octogone, décor bleu et rouge. Ancienne faïence de Rouen.

171 — Petit vase à pans, décor de fleurs en bleu. Ancienne faïence de Rouen.

172 — Assiette, décorée d'un écusson d'armoiries en bleu, supporté par deux lions et timbré d'une couronne de marquis. Lambrequins enguirlandés et quadrillés au marli. Ancienne faïence de Rouen.

173 — Assiette, décorée en bleu d'un monogramme timbré d'une couronne de marquis ; lambrequins et guirlandes au marli. Ancienne faïence de Rouen.

174 — Assiette, décorée en bleu, rouge et jaune d'un écusson d'armoiries timbré d'une couronne de marquis; marli à fleurs interrompues par des réserves. Ancienne faïence de Rouen.

175 — Hanap-casque, décoré d'un double écusson d'alliance, timbré d'une couronne de comte. Ancienne faïence de Rouen.

176 — Assiette, décorée en bleu d'un monogramme timbré d'une couronne de marquis, avec guirlandes au marli. Ancienne faïence de Rouen.

177 — Assiette, décorée d'un écusson d'armoiries en bleu et rouge. Ancienne faïence de Rouen.

178 — Assiette et deux compotiers, décorés de fleurs. Faïence des Islettes.

179 — Quatre assiettes, décorées chacune d'une urne. Faïence de l'époque révolutionnaire.

180 — Aiguière et bassin, décorés de branches fleuries et guirlandes, en ancienne faïence française.

181 — Bidet, décoré de fleurettes, en ancienne faïence française.

182 — Grand cache-pot, décoré de lambrequins et armoiries en bleu avec mascarons. Ancienne faïence française.

183 — Deux lions assis. Ancienne faïence française.

184 — Cruche, décorée d'une fleur de lys et de rinceaux en camaïeu bleu, avec rosace ajourée et inscription : *Pierre le Rat.* Ancienne faïence française.

185 — Cruche, décorée d'une figure de Saint-Antoine en camaïeu bleu. Ancienne faïence française.

186 — Saucière, décorée de fleurs. Ancienne faïence française.

187 — Boîte à épices avec couvercle, décor bleu. Ancienne faïence française.

188 — Saucière, décorée de fleurs. Ancienne faïence française.

189 — Plat long à angles coupés, décoré d'un écusson d'armoiries de comte en bleu. Ancienne faïence française.

190 — Deux assiettes, décorées en bleu d'un double écusson d'armoiries, timbré d'une couronne de duc, avec bâton d'amiral et ancre en sautoir. Ancienne faïence française.

191 — Deux assiettes, décorées d'un double écusson d'alliance timbré d'une couronne de marquis en bleu. Ancienne faïence française.

192 — Deux assiettes, décorées d'un écusson d'armoiries supporté par deux lions et timbré d'une couronne de marquis. Ancienne faïence française.

193 — Deux assiettes, décorées en bleu d'un écusson d'armoiries supporté par deux lions et timbré d'une couronne de marquis. Ancienne faïence française.

194 — Deux assiettes, décorées en bleu d'un écusson d'armoiries placé entre deux lions et timbré d'une couronne de marquis. Ancienne faïence française.

PORCELAINES

195 — Figurine de Cérès, assise. Ancienne porcelaine de Saxe

196 — Rafraichissoir, décoré d'oiseaux, insectes et arbustes. Porcelaine de Saxe-Marcolini.

197 — Cafetière avec couvercle, décor de fleurs, de style chinois. Ancienne porcelaine d'Anspach.

198 — Douze assiettes, décorées de fleurs. Ancienne porcelaine de Nymphenbourg.

199 — Plateau, cafetière et petite coupe, à décor chiné, en porcelaine de Vienne.

200 — Ecuelle avec couvercle et plateau, décor de fleurs avec lambrequins imbriqués jaune. Porcelaine de Vienne.

201 — Deux petits flambeaux, décorés de personnages, en porcelaine allemande.

202 — Statuette de femme étendue et s'appuyant sur une corbeille. Porcelaine allemande.

203 — Deux pots côtelés avec couvercles, décor de sujets galants et fleurs, en porcelaine d'Allemagne.

204 — Deux petites coupes, décorées de fleurettes, en porcelaine.

205 — Bouteille à deux anses en porcelaine, à décor de fleurs et oiseaux, en bleu.

206 — Deux petits vases, décorés de guirlandes en blanc sur fond bleu. Biscuit de Wedgwood.

207 — Compotier, forme coquille, décor de fleurs. Ancienne porcelaine de Boissette.

208 — Ecuelle avec couvercle et plateau, décorée de bordures fleuries. Ancienne porcelaine de Locré.

209 — Compotier, forme coquille, décor de fleurs. Ancienne porcelaine tendre de Sèvres.

210 — Deux assiettes, décor bleu. Ancienne porcelaine tendre de Chantilly portant la marque de Villers-Cotterets et décorée du monogramme couronné *L. P.*

211 — Compotier, forme coquille, décoré de fleurettes en bleu. Ancienne porcelaine tendre française.

212 — Petit plateau, décoré de fleurettes en bleu. Ancienne porcelaine tendre de Tournai.

213 — Vase-pot-pourri, posé sur un rocher; sur ce rocher, un enfant s'appuyant sur un vase renversé. Ancienne porcelaine tendre blanche.

214 — Petit vase-pot-pourri, placé sur un rocher sur lequel est assis un enfant. Ancienne porcelaine tendre blanche.

215 — Pot cylindrique à deux anses, décor de fleurettes. Ancienne porcelaine de Chine. Époque Kang-hi.

216 — Deux petites potiches et deux flacons à thé variés. Ancienne porcelaine de Chine.

217 — Tasse et soucoupe, décorées de deux écussons d'armoiries. Ancienne porcelaine de Chine.

218 — Plateau quadrilobé, décor de feuillages en relief. Ancienne porcelaine de Chine.

219 — Sucrier quadrilobé avec couvercle, décor en relief avec armoiries. Ancienne porcelaine de Chine.

220 — Plat, décoré d'un double écusson contenant des monogrammes. Ancienne porcelaine de Chine.

221 — Deux plats, décorés chacun d'un écusson d'armoiries. Ancienne porcelaine de Chine.

222 — Plat, décoré d'un personnage et d'un enfant dans la campagne. Ancienne porcelaine de Chine.

223 — Deux vases en porcelaine de Chine : chiens de Fô sur fond jaune. Avec bouquets de lumières en bronze à fleurs de lys.

224 — Compotier et dix assiettes variées en porcelaine de la Chine et du Japon.

225 — Deux petites potiches avec couvercles, décor de fleurettes avec encadrements de rinceaux bleus. Ancienne porcelaine de la Compagnie des Indes.

226 — Compotier, orné d'un écusson d'armoiries et de guirlandes de fleurs. Ancienne porcelaine de la Compagnie des Indes.

227 — Deux tasses, décorées d'armoiries et de fleurs. Ancienne porcelaine de la Compagnie des Indes.

OBJETS VARIÉS

228 — Christ en cuivre champlevé et émaillé de Limoges, XIIIe siècle.

229 — Croix en cuivre champlevé et émaillé avec Christ en cuivre. Limoges, XIIIe siècle.

230 — Croix processionnelle en cuivre avec cabochons et Christ champlevé et émaillé. Limoges, XIIIe siècle.

231 — Deux petits Christ en ancien cuivre champlevé et émaillé de Limoges. XIIIe siècle.

232 — Petit médaillon en émail peint de Limoges, présentant un buste de Sainte femme. XVIe siècle.

233 — Plaque rectangulaire : Ange en prières. Émail peint de Limoges, XVIIe siècle, par *I. Laudin.*

234 — Plaque rectangulaire en émail peint de Limoges, XVIIe siècle, par *P. Nouailher* : Le Christ en croix. Cadre en bois sculpté et doré.

235 — Médaillon ovale en émail peint de Limoges, XVIIe siècle : l'Annonciation, et plaque ronde en émail peint de Limoges, XVIIe siècle : le Triomphe d'Amphitrite, grisaille, dans un cadre ancien en bois sculpté et peint noir.

236 — Bas-relief en ivoire : la Vierge entre deux saints.

237 — Baiser de paix en ivoire sculpté : le Calvaire. XVIe siècle.

238 — Christ en ivoire dans un cadre en bois sculpté, avec traces de dorure. Époque Louis XIV.

239 — Étui en ivoire sculpté, décoré de figures. XVIIe siècle.

240 — Petit groupe en ivoire sculpté : la Vierge portant l'Enfant Jésus.

241 — Écritoire en ivoire incrusté de cuivre et de nacre.

242 — Deux morions en fer à fleurs de lys. Fin du XVIe siècle.

243 — Pansière en fer.

244 — Quatre pistolets variés, dont deux à baïonnettes.

245 — Poignard marocain.

246 — Trois hallebardes en fer ajouré, du XVIIe siècle.

247 — Épée à garde de fer ajouré. XVIIIe siècle.

248 — Épée à garde de fer doré, à figures et rinceaux. XVIIIe siècle.

249 — Sept pièces variées : épées, couteau de chasse, etc.

250 — Fontaine en étain, ornée de deux statuettes de personnages, l'un d'eux tenant un cartouche avec inscription et date : *1645*. XVIIe siècle.

251 — Médaillon rond en étain : Henri IV et Marie de Médicis. XVIIe siècle.

252 — Médaillon rond en étain : sujet de style antique. Allemagne. xviie siécle.

253 — Médaillon rond en étain : le Jugement de Salomon. Allemagne, xviie siècle.

254 — Neuf pièces : médailles et plaquette en étain. xviie siècle.

255 — Hanap-casque en étain, du xviiie siècle.

256 — Quatre écuelles avec couvercles en étain, du xviiie siècle.

257 — Bassin en étain aux armes de la ville de Paris. xviiie siècle.

258 — Quatre flambeaux en étain, du xviiie siècle.

259 — Petit bas-relief en albâtre : la Descente de croix. xvie siècle.

260 — Bas-relief en albâtre : la Nativité. Fin du xvie siècle.

261 — Statuette d'enfant nu, assis, en pierre sculptée. xviiie siècle.

262 — Groupe en terre cuite : Allégorie aux Vents. xviiie siècle.

263 — Statuette en terre cuite peinte de joueur de flûte assis sur une chaise et devant une table de bois et déchiffrant un morceau de musique. Fin du xviiie siècle.

264 — Deux petits bustes en terre cuite : Voltaire et Rousseau. Sur colonnettes cannelées. Fin du XVIIIe siècle.

265 — Groupe en terre cuite : Jeune femme et amour. Signé : *Ch. Lenoir*.

266 — Deux petits lions héraldiques en albâtre.

267 — Deux petits vases en marbre rouge griotte.

268 — Boite, en forme de sarcophage, en marbre brèche violette.

269 — Poupée napolitaine : Mendiant, tenant une cornemuse.

270 — Grande râpe à tabac en bois sculpté à armoiries, instruments de musique et rinceaux. XVIIIe siècle.

271 — Quatre flambeaux-balustres armoriés en argent, du XVIIIe siècle.

272 — Trois étuis-nécessaires variés, argent, galuchat et vernis. XVIIIe siècle.

273 — Deux salières en émail de Battersea, à fond bleu.

274 — Deux râpes à tabac variées en bois sculpté, du XVIIe siècle.

275 — Étui, simulant un livre, en cuir doré. Travail anglais.

276 — Médaillon-buste de femme en cire de couleur, dans un cadre octogone du XVIIe siècle en bois et cuivre.

277 — Petit bas-relief en cire : Buste de femme; dans un cadre en bois avec plaques de cuivre. XVIIe siècle.

278 — Miroir de forme contournée, à cadre peint sous verre. Fin du XVIIIe siècle.

279 — Petit miroir de forme contournée, gravé, sous verre. Travail vénitien.

280 — Miroir dans un cadre en pâte recouverte d'une feuille de métal argenté et repoussé, à décor de personnages, écussons et feuillages. Ancien travail italien.

281 — Jeu de tric-trac avec échiquier en bois de placage et ivoire.

282 — Petit écran de table en bois et soie.

283 — Trois moulins à café en bois, fer et cuivre.

284 — Douze couteaux et douze fourchettes à dessert; manches d'agate taillée à pans. Dans un écrin.

285 — Coffret en fer, à personnages gothiques. XVIe siècle.

286 — Deux aigles, provenant d'enseignes en fer. XVIIe siècle.

287 — Deux étuis à ciseaux, du XVIIIe siècle, en fer.

288 — Monstrance en cuivre, sur pied à nœud, ornée de petits motifs émaillés. XVIe siècle.

289 — Cage d'horloge de table, hexagone, en cuivre gravé. Travail français, fin du XVIe siècle.

290 — Médaillon rond en bronze, présentant une figure de souverain, avec la date : *1795*.

291 — Petite coupe avec couvercle en cuivre, ornée d'une armoirie. XVIIe siècle.

292 — Christ en ancienne dinanderie.

293 — Petit lustre à huit becs en ancienne dinanderie.

294-295 — Sept mortiers variés en bronze et laiton, de diverses époques.

296 — Petit médaillon-reliquaire en verre dit églomisé, à sujet saint. XVIe siècle.

297 — Trois médaillons-reliquaires en verre et bois. XVIe siècle.

298 — Deux aumônières variées en velours rouge brodé d'argent et d'argent doré, l'une d'elles aux armes de France. XVIIIe siècle.

299 — Bourse et deux escarcelles en velours et soie.

300 — Deux landiers en fonte, à décor de bustes.

301 — Petit panneau en bois sculpté à fenestrages gothiques. Commencement du XVIe siècle.

302 — Groupe-applique, provenant d'un calvaire, en bois sculpté, du XVIe siècle.

303 — Deux panneaux en bois sculpté, à mascarons et dauphins. Époque Louis XIII.

304 — Petite cariatide d'homme en bois peint et doré, du XVIIe siècle.

305 — Petit buste-applique de personnage drapé en bois peint et doré.

306 — Petit support-applique en bois sculpté et doré à mascaron. XVIIe siècle.

307 — Petit panneau en bois sculpté, écusson soutenu par deux léopards. XVIIe siècle.

308 — Cadre en bois sculpté et doré, à décor de coquilles et quadrillés. Époque Louis XIV.

309 — Petit bénitier-applique en bois ajouré et sculpté à fleurs. Époque Régence.

310 — Miroir dans un cadre en bois sculpté, ajouré et doré, à rocailles, coquilles et fleurs XVIIIe siècle.

311 — Baromètre-thermomètre en bois peint vert et doré, du temps de Louis XV.

312 — Baromètre-thermomètre en bois sculpté et doré, à feuillages et tourterelles. Époque Louis XVI.

313 — Deux colonnettes en bois sculpté.

314 — Petite torchère en bois sculpté, à balustre.

315 — Vase simulé, décoré de têtes d'amours et de guirlandes en bois sculpté.

316 — Soufflet de foyer en bois sculpté, à armoiries.

317 — Peigne en bois ajouré. Ancien travail du Jura.

318 — Petit cadre droit, en hauteur, en bois et pâte dorés, contenant le calendrier pour le mois de Juillet 1780.

319-321 — Sous ces numéros, clés, boîte en cuivre, appliques, fer d'esponton, dague, etc. (Seront divisés.)

322 — Étui, décoré au vernis, de travail persan.

323 — Boîte à miroir, décorée au vernis, de travail persan.

324 — Boîte plate octogone, décorée au vernis. Travail persan.

325 — Boîte plaquée d'écaille et de nacre. Travail oriental.

326 — Deux potiches en émail cloisonné de la Chine, à décor d'arbustes et insectes sur fond bleu.

327 — Deux bas-reliefs : Chiens de Fô, en bronze de la Chine.

328 — Chien de Fô-applique en bronze de la Chine.

329 — Six racines sculptées, de travail chinois.

330 — Statuette de guerrier japonais en bois sculpté.

PENDULES, BRONZES

331 — Pendule-religieuse en marqueterie d'écaille et étain sur cuivre. Garniture de bronzes. Signée : *Coquerel* à *Paris*. Époque Louis XIV.

332 — Pendule sur socle-applique en marqueterie de cuivre sur écaille, garnie de bronzes, tels que : encadrements, statuette du Temps, char d'Amphitrite, etc.; mouvement signé : *Coupé* à *Paris*. Époque Louis XIV.

333 — Pendule sur socle-applique en marqueterie de cuivre sur écaille rouge; garniture de bronzes, tels que : cariatides, bas-relief allégorique, etc.; cadran signé : *Duchesne à Paris*. Époque Louis XIV.

334 — Deux appliques, à deux lumières, en bronze doré, à enroulements de feuillages. Époque Louis XV.

335 — Deux autres plus petites. Même époque.

336 — Deux chenets en bronze doré, à figures et rocailles. Époque Louis XV.

337 — Deux appliques, à deux lumières, en bronze doré, à enroulements de rocailles. Époque Louis XV.

338 — Six flambeaux en cuivre et cuivre argenté, du XVIIIe siècle.

339 — Quatre flambeaux-colonnettes en bronze redoré, du temps de Louis XVI.

340 — Deux bouts de table, à deux lumières, en bronze argenté, du XVIIIe siècle.

341 — Pendule en bronze doré, marbres blanc et bleu-turquin, à mouvement porté par deux pilastres et surmonté de branchages; cadran signé : *Folin l'aîné à Paris*. Époque Louis XVI.

342 — Deux bras-appliques, à deux lumières, modèle à vases, bronze doré. Époque Louis XVI.

343 — Deux appliques, à deux lumières, modèle à trompes de chasse en bronze.

344 — Deux appliques, à deux lumières, en bronze, à têtes de boucs. Époque Louis XVI.

345 — Pendule en biscuit, du temps de Louis XVI, à décor de statuettes : Vénus et l'Amour, etc. Base en marbre noir.

346 — Deux candélabres, à trois lumières, en bronze patiné et doré, à figures de femmes drapées. Base en marbre blanc. Époque Louis XVI.

347 — Pyramide en marbre blanc et bronze doré, du temps de Louis XVI, surmontée d'un petit buste en bronze patiné d'Empereur romain, d'ancien travail italien.

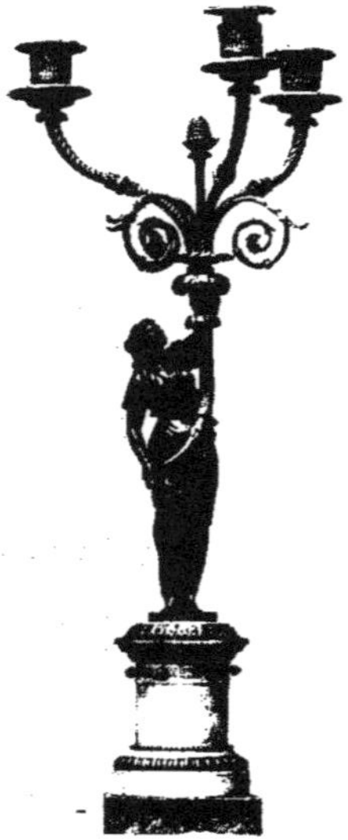

346

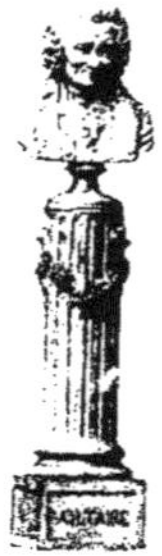

264

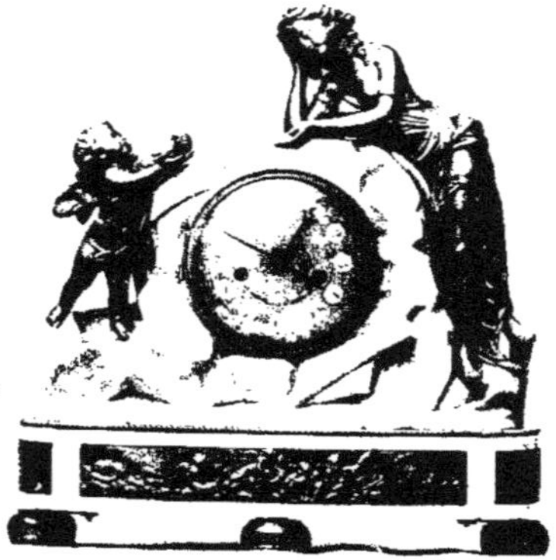

348

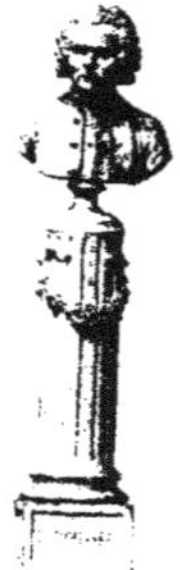

264

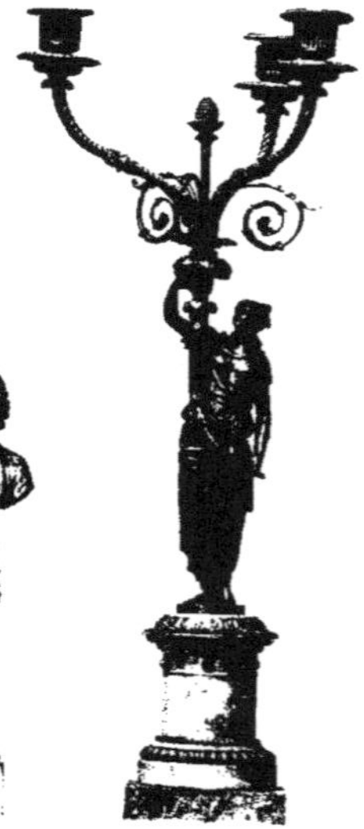

346

348 — Pendule en marbre blanc et bronze doré, simulant un rocher sur lequel s'appuie une statuette de jeune femme à qui l'Amour offre une colombe. Base ornée d'une frise de jeux d'amours. Fin de l'époque Louis XVI.

349 — Pendule en marbre blanc et bronze doré, à mouvement surmonté d'un aigle et porté par deux pilastres à cariatides d'Egyptiennes. Fin du XVIIIe siècle.

350 — Deux flambeaux-colonnettes en bronze doré. Époque Restauration.

351 — Un des chevaux de Marly en bronze.

352 — Statuette en bronze : Gladiateur, d'après l'antique.

353 — Groupe en bronze, d'après Canova : Hercule et Lycas. Base en marbre rouge.

354 — Groupe en bronze : Satyre et petit faune Signé : *Perraud, 1855*.

355 — Statuette en bronze : la Frileuse, d'aprés *Houdon*.

MEUBLES

356 — Devant de coffre en bois sculpté, à fenestrages gothiques et figures d'angelots. Fin du XVe siècle.

357 — Meuble à deux corps en bois sculpté, à moulures, avec incrustations de marbre; il ferme à quatre portes et contient trois tiroirs. XVIe siècle.

358 — Meuble à deux corps en bois sculpté, ouvrant à quatre portes, muni de cinq tiroirs et orné de colonnettes engagées et d'inscrutations de marbres de couleurs. XVIe siècle.

359 — Meuble à deux corps en bois sculpté, ouvrant à quatre portes, muni de quatre tiroirs et orné de figures de femmes couchées, de mascarons et d'incrustations de marbres de couleurs. XVIe siècle.

360 — Glace dans un cadre en glace et cuivre estampé, à décor de personnages, oiseaux, rinceaux, etc. Époque Louis XIII.

361 — Glace à fronton, dans un cadre en bois sculpté et doré, et glace, à décor de coquilles, quadrillés, oiseaux et fleurs. Époque Louis XIV.

362 — Miroir rectangulaire, dans un cadre en bois sculpté et doré, à quadrillages et feuillages. Époque Louis XIV.

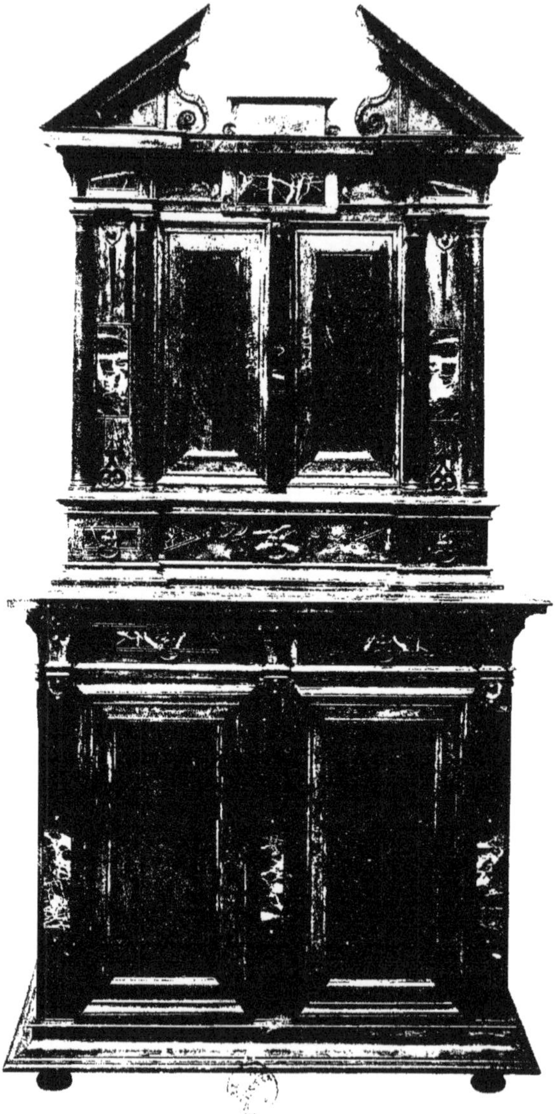

358

363 — Meuble à abattant, plaqué d'ébène, avec incrustations d'os à personnages et rinceaux, XVIIe siècle ; sur table-support en bois noir guilloché.

364 — Fauteuil à haut dossier en bois sculpté, à pieds réunis par des traverses, couvert en tapisserie au point, à personnages, animaux et fleurs sur fond rouge. En partie du XVIIe siècle.

365 — Fauteuil à haut dossier en bois sculpté, pieds réunis par des traverses, couvert en tapisserie au point, à oiseaux et fleurs sur fonds noir et blanc, du XVIIe siècle.

366 — Quatre chaises en bois sculpté et marqueterie. En partie du XVIIe siècle.

367 — Meuble à hauteur d'appui en bois sculpté, ouvrant à une porte surmontée d'un tiroir et décorée de cariatides et motifs géométriques. En partie du XVIIe siècle.

368 — Chaise en bois sculpté, à coquilles et rocailles, couverte en tapisserie au point, du XVIIe siècle, à personnages et animaux sur fond bleu ; contrefond jaune.

369 — Fauteuil en bois sculpté, à fleurs et rocailles, couvert en tapisserie au point, du XVIIe siècle, à personnages, oiseaux et fleurs sur fond bleu ; contrefond jaune.

370 — Ecran en bois sculpté, à fleurs ; feuille en tapisserie au point, du XVIIe siècle, à fleurs et fruits sur fond gris.

371 — Console en bois sculpté, ajouré et doré, décorée d'un mascaron ailé, de quadrillés, de rocailles et sur quatre pieds avec croisillon d'entrejambes de forme contournée. Dessus de marbre. Époque Régence.

372 — Console en chêne sculpté et ajouré, à décor de rocailles, coquilles, mufles de lions, dragons, etc. Dessus de marbre. Époque Régence.

373 — Commode à trois rangs de tiroirs en bois de placage, garnie de bronzes, à décor de bustes et fleurs. Dessus de marbre. Époque Régence.

374 — Fauteuil en bois sculpté, à coquilles et quadrillés ; siège et dossier cannés ; manchettes de cuir. Époque Régence.

375 — Deux chaises en bois sculpté, à coquilles et quadrillés ; sièges et dossiers cannés, croisillons d'entrejambes. Époque Régence.

376 — Fauteuil en bois sculpté, à feuillages, coquilles et quadrillés ; pieds à croisillon. Époque Régence. Couvert en tapisserie au point à fleurs.

377 — Canapé à joues en bois sculpté, à rocailles et coquilles, du temps de la Régence. Il est recouvert de velours rouge avec quatre médaillons d'ancienne tapisserie au point à fleurs.

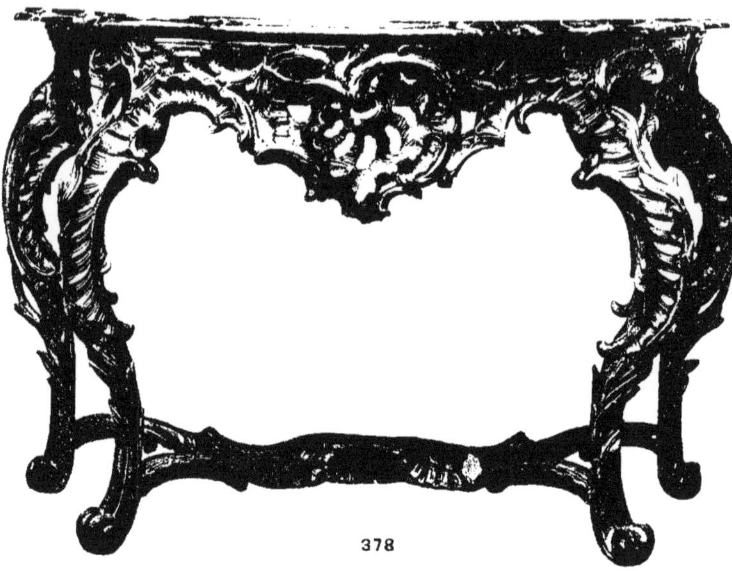

378

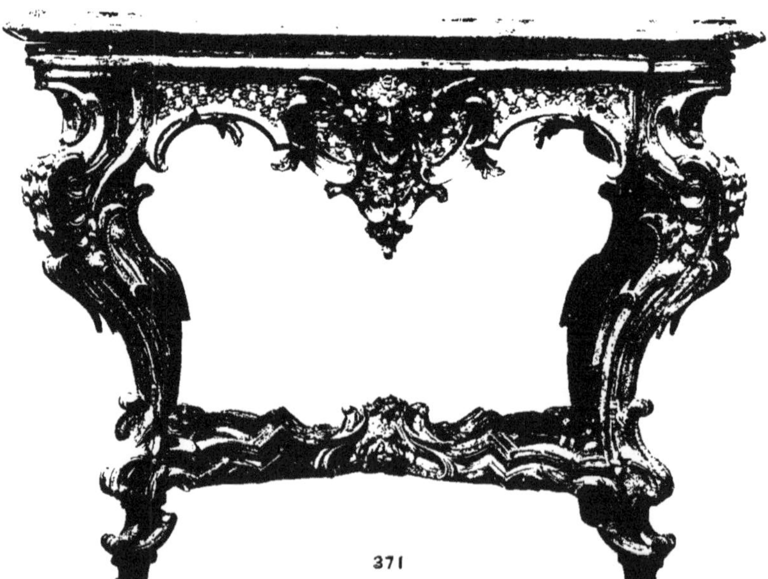

371

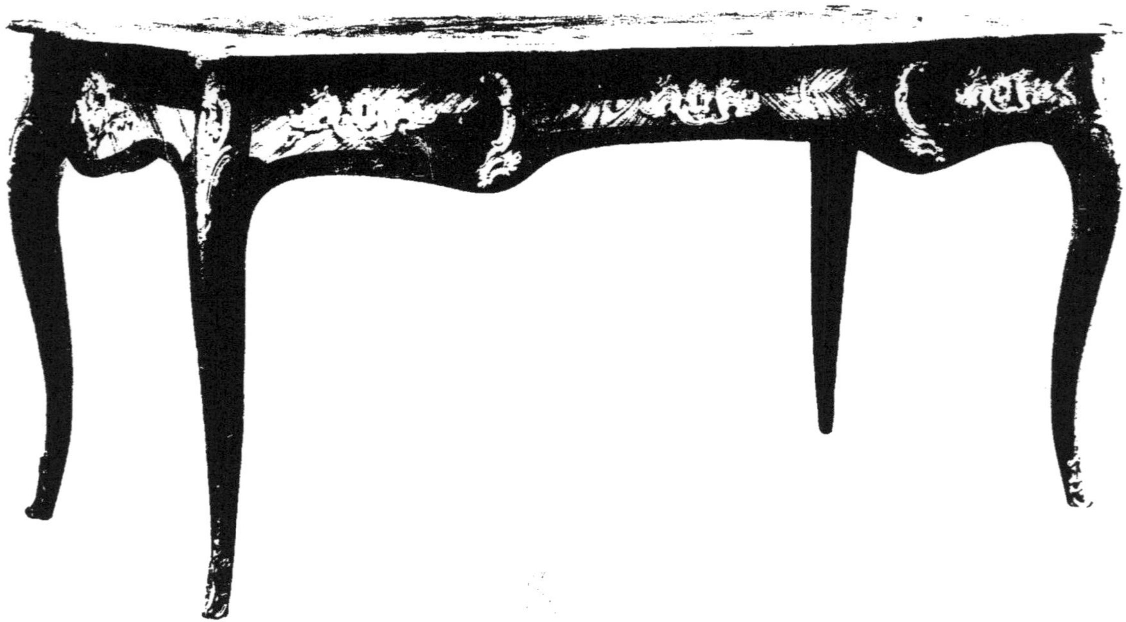

384

378 — Console, de forme contournée, en bois ajouré, sculpté et doré, à décor de rocailles et sur quatre pieds reliés par un croisillon. Dessus de marbre. Époque Louis XV.

379 — Tabouret en bois sculpté, à décor de rocailles et moulures ; couvert en brocart à fond rouge. Époque Louis XV.

380 — Petite console en bois sculpté et redoré, à coquilles et guirlandes. Époque Louis XV. Dessus de marbre.

381 — Chaise percée en bois sculpté, du temps de Louis XV.

382 — Trumeau en bois sculpté, peint rose et doré, à décor de rocailles, avec glace surmontée d'une peinture : Sujet galant à deux personnages. Époque Louis XV.

383 — Trumeau en bois peint blanc et doré avec peinture : Apollon et Daphné. Époque Louis XV.

384 — Table-bureau en bois de placage, à trois tiroirs, garnie de bronzes à rocailles. Époque Louis XV.

385 — Table-coiffeuse en acajou, munie de trois tiroirs, de compartiments et d'un miroir mobile. Époque Louis XV.

386 — Petite commode, à trois tiroirs, en bois de placage, signée : *Ellaume*. Dessus de marbre. Époque Louis XV. Garniture de bronzes.

387 — Petit table en bois sculpté, à coquilles et rocailles, munie d'un tiroir. Époque Louis XV.

388 — Commode, de forme contournée, à trois rangs de tiroirs, en bois de violette, garnie de bronzes. Dessus de marbre. En partie du temps de Louis XV.

389 — Fauteuil en bois sculpté, à rocailles et fleurs, du temps de Louis XVI; couvert en tapisserie au point à personnages, oiseaux, fleurs et rocailles, du XVIIe siècle.

390 — Deux fauteuils en bois sculpté; sièges et dossiers cannés, décor de rocailles, fleurs et coquilles. Époque Louis XV.

391 — Secrétaire à abattant, portes et tiroirs, en bois de placage à filets. Époque Louis XV. Garniture de bronzes.

392 — Fauteuil de bureau en bois sculpté, à fleurs et moulures; dessus de cuir, siège canné. Époque Louis XV.

393 — Bois de tabouret de pieds sculpté, à fleurs.

394 — Deux fauteuils, à dossiers ovales, en bois sculpté, à enroulements et rubans sur pieds carrés et cannelés. Fin de l'époque Louis XV. Couverts en velours vert ciselé et rayé.

395 — Commode à trois tiroirs en bois de placage à filets. Signée. Dessus de marbre. Fin de l'époque Louis XV. Garniture de bronzes.

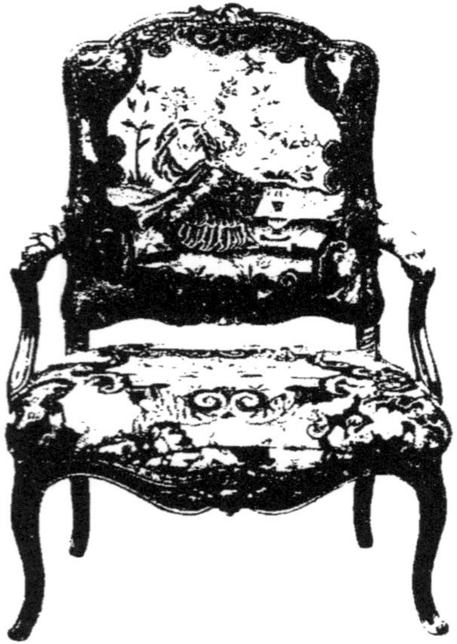

389

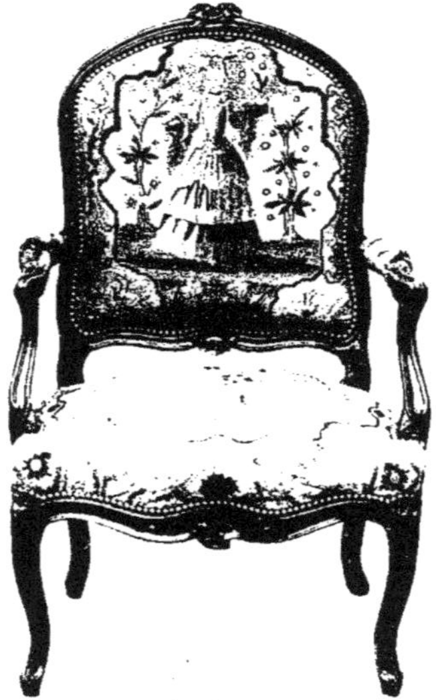

369

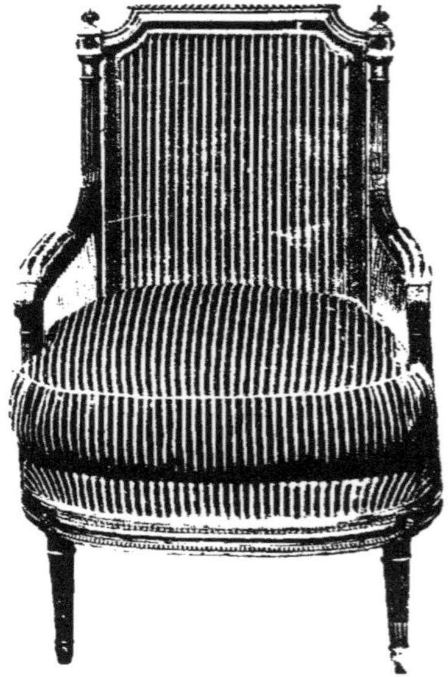

404

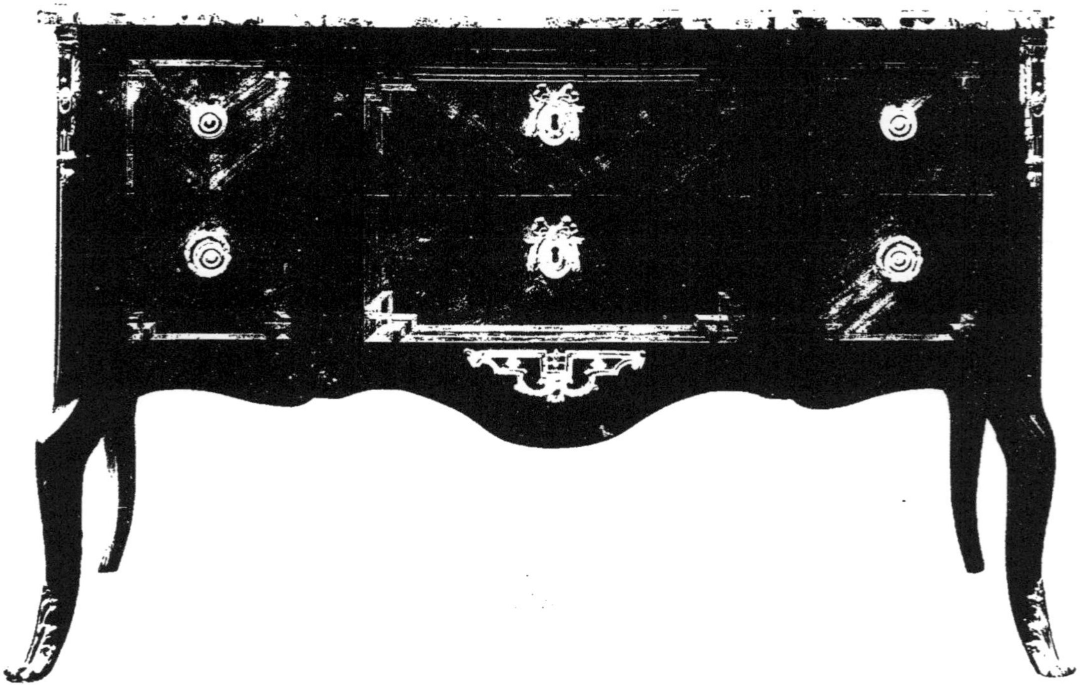

396

396 — Commode à deux tiroirs en marqueterie de bois de couleurs à filets, garnie de bronzes. Dessus de marbre. Fin de l'époque Louis XV.

397 — Table de dame, de forme ovale, à trois tiroirs, en marqueterie de bois de couleurs, à motifs réguliers. Fin de l'époque Louis XV. Garniture de bronzes.

398 — Harpe en bois sculpté, laqué et doré, à décor de style chinois : feuillages, fleurs et instruments de musique. Signée : *Naderman à Paris*. Époque Louis XVI.

399 — Petite table ovale en bois, avec tiroir et tablette d'entrejambes. Époque Louis XVI.

400 — Toilette à raser en acajou à filets de cuivre, munie d'une porte, de deux tiroirs et d'un miroir. Dessus de marbre blanc. Époque Louis XVI.

401 — Toilette à raser en acajou à filets de cuivre, munie d'une glace mobile et d'une porte et de deux tiroirs. Dessus de marbre bleu turquin. En partie de l'époque Louis XVI.

402 — Petite console à côtés cintrés en acajou, munie d'un tiroir. Tablette d'entrejambes et dessus de marbre blanc; galeries de cuivre. Époque Louis XVI.

403 — Deux chaises en bois sculpté, dossiers à lyres, rangs de perles et panaches. Époque Louis XVI. Couvertes en velours vert ciselé et rayé.

4

404 — Bergère en bois sculpté à cannelures, petites feuilles, rangs de perles, etc. Signée. Époque Louis XVI. Couverte en velours ciselé, rayé vert.

405 — Secrétaire à abattant, portes et tiroir en bois de placage à filets, chutes, cul-de-lampe et entrées de serrures en bronze. Dessus de marbre. Époque Louis XVI.

406 — Canapé, quatre fauteuils et une bergère en bois sculpté, à cannelures et panaches, du temps de Louis XVI. Couverts en velours jaune à rosaces.

407 — Secrétaire à abattant, portes et tiroir en bois de placage à filets. Dessus de marbre. Époque Louis XVI.

408 — Lit en bois sculpté à cannelures, panaches et fleurons. Époque Louis XVI. Garni d'étoffe.

409 — Guéridon rond en acajou, à filets de cuivre. Dessus de marbre blanc ; galerie de cuivre. En partie du temps de Louis XVI.

410 — Petite glace en hauteur, dans un cadre en bois doré, à rocailles et fleurs. Hollande, XVIIIe siècle.

411 — Petite glace en hauteur, dans un cadre en bois ajouré, sculpté et doré, à rocailles et branchages. Travail hollandais, XVIIIe siècle.

412 — Petite table à volets en bois sculpté, sur quatre pieds-balustres réunis par un croisillon. En partie du XVIIIe siècle.

413 — Horloge en bois sculpté, à rocailles, avec applique en bronze : Allégorie du Commerce. Cadran supporté par une autre applique en bronze : figure du Temps. XVIIIe siècle.

414 — Glace étroite, dans un cadre en bois doré surmonté d'une corbeille de fleurs. Hollande, fin du XVIIIe siècle.

415 — Table plaquée d'acajou, munie d'un tiroir. Dessus de marbre blanc ; galerie de cuivre. Commencement du XIXe siècle.

416 — Bureau à cylindre en bois de placage et marqueterie à rangs de piastres. Il est muni de huit tiroirs. Dessus de marbre. Commencement du XIXe siècle.

417 — Petit bureau à cylindre en acajou, muni de quatre tiroirs. Moulures et galerie de cuivre. Dessus de marbre blanc.

418 — Dressoir en bois sculpté, ouvrant à deux portes et muni de deux tiroirs, à décor de fenestrages gothiques et sur console à fond plein.

419 — Tabouret octogone, sur huit pieds, en incrustation de bois et d'ivoire dite certosina. Ancien travail italien.

420 — Meuble à hauteur d'appui en bois sculpté, à cariatides, avec le sujet de l'Annonciation.

421 — Armoire vitrée en bois sculpté, à fleurs, feuillages, rocailles, etc.

422 — Petit chiffonnier, à six tiroirs, en marqueterie de bois de couleurs, à fleurs.

423 — Bois de chaise sculpté, à fleurs.

424 — Petite table en bois sculpté, à décor d'écussons, feuillages et fleurs de lys. Pieds-colonnettes réunis par des traverses.

425 — Table ronde à volets en bois sculpté sur cinq pieds-colonnettes reliés par une traverse à croisillon.

426 — Deux tabourets de pieds variés en bois sculpté, couverts en velours vert ciselé et rayé.

427 — Petit canapé en bois sculpté, à rubans, enroulements, perles, etc. Couvert en velours vert ciselé et rayé.

428 — Canapé en marqueterie, à rinceaux, de bois clair, couvert en satin broché à couronnes et rayures sur fond vert clair.

429 — Fauteuil à dossier cintré et quatre chaises pouvant accompagner le canapé précédant.

430 — Vitrine en bois noir avec filets blancs.

431 — Vitrine plate en bois noir et métal.

432 — Cabinet en bois sculpté, ajouré et incrusté de nacre, à portes et tiroirs. Travail du Tonkin.

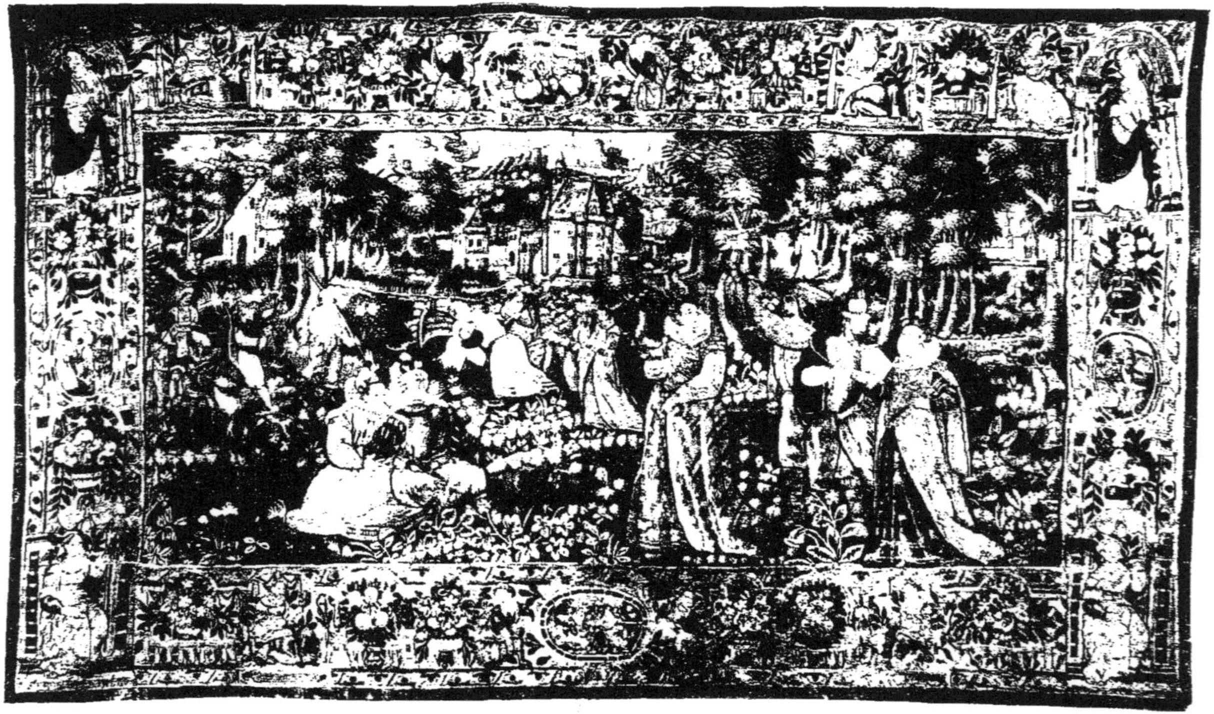

435

TAPISSERIES

ÉTOFFES, TAPIS

433 — Petit panneau rectangulaire en tapisserie au point du commencement du XVIIIe siècle, présentant deux personnages dans un paysage, avec encadrement de rinceaux fleuris.

434 — Panneau en étoffe noire brodée, présentant une arcade surmontée d'animaux. Travail oriental.

435 — Tapisserie flamande de la fin du XVIe siècle, présentant de nombreux personnages richement vêtus, se livrant à diverses occupations dans la campagne. Bordure jaune à médaillons, fruits, fleurs et personnages.

Haut., 2 m. 25 cent.; larg., 3 m. 80 cent.

436 — Tapisserie flamande de la fin du XVIe siècle, présentant des chasseurs embusqués près d'un monticule. Fond de verdure et habitations. Bordure rapportée de trois côtés.

Haut., 2 m. 60 cent.; larg., 2 m. 65 cent.

437 — Tapisserie d'Aubusson du XVIIIe siècle, en deux parties, verdure avec oiseaux et habitations, et bordure marron à fleurs.

Haut., 2 m. 65 cent.; larg., 2 mètres.

438 — Petit tapis d'Orient, à dessins géométriques sur fond rouge.

439 — Tapis d'Orient.

www.ingramcontent.com/pod-product-compliance
Ingram Content Group UK Ltd.
Pitfield, Milton Keynes, MK11 3LW, UK
UKHW031927260826
14628UKWH00003B/1458

9 782329 486321